Pistazie

Rita Henss

Mit Illustrationen von
Linda Wolfsgruber

mandelbaums *kleine gourmandisen*
N° 42

www.mandelbaum.at
ISBN 978-3-85476-938-5

1. Auflage 2022
Lektorat: Inge Fasan
Satz und Umschlaggestaltung: Michael Baiculescu
Illustrationen: Linda Wolfsgruber
Druck: Interpress, Budapest

DER LANGE WEG ZUM HERZEN DER KÖNIGIN

Ihr Lächeln lernte ich erst recht spät kennen. Ebenso wie ihren wahren Charakter. Sozusagen inkognito begegnete sie mir jedoch bereits in meinen Kindertagen: versteckt unter bedrucktem Stanniolpapier, eingehüllt in einen Nougatmantel und einen feinen Schleier dunkler Schokolade. Sie präsentierte sich mir also noch nicht als Solistin, als stolzes Ganzes, sondern in engster Verbindung mit einer vermeintlichen Verwandten. Das grüne Marzipan im Herzen der Mozartkugel brachte mich aber auf ihre Spur. Es folgten kurze Treffen in diversen italienischen Eisdielen sowie gemeinsame Partynächte in französischen Studentenwohnheimen – und damit eine neue Ahnung ihrer variantenreichen Köstlichkeit.

Es sollte freilich noch einige Zeit dauern, bis ich dem ebenso delikaten wie kapriziösen Früchtchen wirklich nahekam, mich schließlich sogar in seiner Heimat wiederfand. Eine der ersten Etappen auf dem Weg dorthin war der Süden Europas, genauer gesagt: Sizilien. Ein italienischer Freund holte mich in Catania vom Flughafen ab und brachte mich gleich zu dem seiner Ansicht nach besten *pasticciere* der Stadt. Nachdem ich dessen tatsächlich unwiderstehliche *cannoli,* frittierte Teigröllchen, mit Pistazienfüllung gekostet hatte, fuhren wir am Nachmittag dorthin, wo, wie mein Sizilianer stolz sagte, »die besten dieser grünen Kerne reifen«, nach Bronte. War es Zufall oder Teil seines Plans, dass gerade an diesem Septemberwochenende in Brontes Altstadt die *Sagra del Pistacchio* gefeiert wurde, das nur alle zwei Jahre ausgerichtete Pistazienfest?

Tunesien, Marokko, Syrien, Ägypten, die Türkei waren meine nächsten Stationen auf dem Weg zum Ursprung der »grünen Mandel«. Ich kostete sie auf Basaren, in Teestuben, nach dem Besuch im Hammam. Und dann irgendwann erreichte ich Abarqu – mit Soheila, der Tante meines zeitweiligen Mitbewohners Nima, eines jungen französisch-iranischen Patissiers. Nach der Taxifahrt von Shiraz dorthin lauschte ich auf dem Teppich eines kleinen persischen Gästehaus-Zimmers Soheilas Geschichten, Anekdoten, Erinnerungen aus der Zeit ihrer Jugend in dieser Gegend.

Am anderen Morgen besuchten wir im Nachbardorf Feyzabad-e Kohneh den noch dort lebenden Teil der Verwandtschaft. Probierten köstliche Pistazienfruchtschalen-Marmelade – und fuhren dann zum Pistaziengarten der Familie. Viele seiner Bäumchen waren bereits abgeerntet. Aber vor einer einfachen Halle sah ich graue Plastiksteigen mit kleinen ovalen Früchten: *Pesteh!* Gelblichgrün und in zarten Rottönen, zuweilen gesprenkelt mit winzigen weißen Punkten, leuchtete ihre fleischige Haut.

Im Inneren des Hangars herrschte eine fröhliche Stimmung: Zwei Dutzend Frauen saßen dort in der Kulisse aufgerollter schwarzer Bewässerungsschläuche plaudernd und scherzend am Saum eines über fast die ganze Länge des Gebäudes aufgehäufelten Berges frischer Pistazien. Mit flinken Händen sortierten die Frauen die pralle Pracht. Schöpften mit runden, weißen Plastiksieben portionsweise ihre Arbeit, lasen Blattwerk aus, Zweiglein und beschädigte Früchte. Ein Handvoll Kinder lief fröhlich zwischen dem geschäftigen Grüppchen von Müttern, Großmüttern, Tanten und großen Schwestern umher, sie holten sich eine Umarmung ab, zeigten strahlend eine Puppe vor.

Nur allmählich ward der Pistazienfruchtberg kleiner, aber die Frauen arbeiteten rasch. »Bei der Pistazienernte muss es schnell gehen; sonst verderben die Früchte«, sagte Soheilas Bruder später ernst. Da saßen wir schon alle beim Mittagspicknick – natürlich mit Pistazien. Allerdings aus früheren Erntetagen und schon geröstet. Es handelte sich, wie ich lernte, um die traditionellen länglichen Akbari. »Ich mag lieber die kleinen runden. Klein und rund wie ein Widderhorn, sagen wir hier«, schmunzelte Soheila. »Es gibt in der Gegend aber auch noch ein paar andere Sorten«, ergänzte ihr Bruder. »Chassi zum Beispiel – nach dem Wort *chast*«. Daumen bedeutet es.

Bald purzeln nicht nur Pistazien-Namen und Sorten-Vergleiche in unsere muntere Sitz-Runde auf der Erde, sondern auch ein paar persische Sprichwörter zum Thema. Dann erfahre ich noch, dass die Pistazie in der im Iran traditionell zu jedem Fest in allen Häusern bereitstehenden Mischung aus Nüssen und Trockenfrüchten »die Königin« ist. »Je mehr Pistazien die *Ajeel-e Moshkel-gosha* enthält, desto geehrter fühlen sich die Gäste.« Und das nicht nur am Abend des letzten Mittwochs vor Newroz, dem persischen Neujahr, an dem der Mix, der »jede Not und jedes Leiden lindert«, wie die Übersetzung seines Namens lautet, zu den unverzichtbaren traditionellen Süßigkeiten zählt. Das wissen sogar schon Soheilas Nichten und Neffen. Und die Geschichte von den Liebenden unterm Pistazienbaum können sie ebenfalls zum Besten geben …

PS: Inzwischen lächeln mich in meiner Frankfurter Einkaufsstraße beim Feinkosthändler die, wie dieser behauptet, »besten Pistazien der Stadt« an: aus Griechenland. Nun ja: Für meinen Geschmack sind sie etwas zu sehr gepfeffert. Beim Gemüse-Mann aus der Türkei indes blitzen die Augen stolz, wenn er seine nur leicht geröstete Variante »aus Antep« anpreist. Und nur wenige Schritte weiter wirbt ein kleines italienisches Lokal seit kurzem mit einer neuen Pizza-Variante: *con Mozzarella e Pistacchio*! Selbstverständlich stammen die grünen Kerne hier aus Sizilien.

AUS DER WÜSTE ÜBER DIE ALPEN

Ein Kind der Wüstenländer, heißt es, sei die Pistazie. Tatsächlich gedeiht sie am besten in einem Klima mit heißen Tagen und kühlen Nächten sowie in Höhen zwischen 150 und 250 Meter über dem Meeresspiegel. Zudem zeigt sie eine hohe Toleranz gegenüber alkalischen oder leicht salzhaltigen Böden und scheut in ihrer Anspruchslosigkeit weder trockenen noch steinigen Untergrund.

So wundert es nicht, dass die Pistazie ursprünglich aus Vorderasien stammt. Das historische Mesopotamien (Zweistromland) wird oft als Wiege genannt. Im 2. Jahrtausend v. Chr. lebte dort das Volk der Assyrer (im heutigen Irak und in Teilen der Türkei) sowie jenes der Babylonier (Irak und Syrien). Der babylonische König Nebukadnezar II. ließ in den für seine aus einer grünen Landschaft in Persien stammende Gattin Amyitis angelegten Hängenden Gärten angeblich auch Pistazienbäume pflanzen.

Präzisere Quellen bezeichnen als ursprüngliche Heimat der Pistazie Khorasan. Bereits im Jahr 1707 v. Chr. ist in einer Urkunde aus dieser historischen Landschaft, die damals Teile des heutigen Afghanistans, Irans,

Tadschikistans, Usbekistans und Turkmenistans umfasste, von Pistazien die Rede. Freilich könnte es sich dabei auch (noch) um die Wildfrucht Bané gehandelt haben, quasi die Ur-Mutter der bis heute kultivierten Arten. Archäologen fanden jedenfalls bei Ausgrabungen in der einst komplett bewaldeten Region um Tepe Gav Kosh, eine der ältesten Siedlungsstätten im heutigen Iran, nicht nur Mauerreste, sondern auch Geschirr-Fragmente, aus denen sie auf die Ernährungsweise der damaligen Bewohner schließen konnten: Sie basierte auf Gerste und Weizen, aber vor allem auf der Wildpistazie.

Im antiken Griechenland sowie bei den Hebräern war die Pistazie ebenfalls bekannt. Im ersten Buch Mose sagt Jakob im Kapitel über die zweite Reise seiner Söhne an den Hof des ägyptischen Pharaos: »Nehmt in eure Säcke von den berühmtesten Erzeugnissen des Landes und bringt sie dem Mann als Geschenk: ein wenig Balsam, ein wenig Trauben-Honig, Tragakanth und Ladanum, Pistazien und Mandeln.«

Den hohen Stellenwert von Pistazien bekräftigt auch die Legende um die Königin von Saba. Die nach modernen Erkenntnissen wohl in Äthiopien beheimatete und auch Teile des Jemen zu ihrem Reich zählende Regentin soll dem einfachen Volk bei Strafe verboten haben, Pistazienbäume für den eigenen Bedarf zu pflanzen. Sie konfiszierte angeblich die gesamte Ernte für sich und ihren Hofstaat. Ob nur zum Knabbern oder um Speisen zu verfeinern, ist nicht überliefert.

Fest steht jedoch, dass Alexander der Große durch seine Eroberung des Altpersischen Reiches dafür sorgte, dass die Pistazie im gesamten Mittelmeerraum Bekanntheit erlangte. Vielleicht resultiert aus dieser Zeit bereits ihre Bezeichnung »Aleppo-Nuss«. Vielleicht erhielt sie den Namen aber auch erst im antiken Rom, wo sie bald im Ruf eines Heilmittels stand. Dorthin mitgebracht habe sie, so schreibt der römische Gelehrte Plinius d. Ä. in seiner *Historia Naturalis*, ein gewisser Lucius Vitellius. Der einflussreiche Senator unter den Kaisern Caligula und Claudius war lange Zeit Konsul und Statthalter von Syrien, welches schon damals eines der Hauptanbaugebiete der Steinfrüchte war.

Im Mittelalter sorgte dann neben den Kreuzzügen auch der florierende Levante-Handel für eine weitere Ausbreitung der Pistazie. Insbesondere die Republik Venedig unterhielt enge Handelsbeziehungen zu Syrien; von Nordafrika aus kam die Pistazie mit den Arabern nach Sizilien. Jenseits der Alpen waren Pistazien lange Zeit unbekannt. Sie wurden bei ihrer Einfuhr nach Mitteleuropa »Lateinische Pfennig Nuss« genannt, da sie über italienische Handelswege gen Norden gelangten – und man für sie an den Pass- bzw. Grenzstellen eine kleine Steuer entrichten musste.

Botanische Eigenschaften

Harte, gut verschlossene Schale plus essbarer Kern – eigentlich bedeutet das: Es handelt sich um eine Nuss. Aber ganz so einfach ist es nicht. Um als echte Nuss zu gelten, muss eine Frucht inklusive ihres essbaren Samenkerns komplett von einer dreischichtigen »Wand« umschlossen sein, deren Schichten auch noch fest miteinander verwachsen sind. Alle Früchte, deren Hülle weniger als drei oder sich eigenständig öffnende Schichten aufweist, sagt der Botaniker, sind keine Nüsse. Wie die Peka- und die Para-»Nuss«, die Cashew-»Nuss« oder die Mandel. Und eben die Pistazie. Denn bei ihr ist nur die innere Fruchtwand (Steinschale) verholzt, die den grünen Keim und in der Folge den von einem violettbrauen Samenhäutchen umgebenen nährstoffreichen Kern schützt. Die Steinschale wiederum ist eingebettet in das Fruchtfleisch (Schalenhaut). Aufgrund dieser Eigenheiten greift die Nussformel bei der Pistazie nicht.

Die *Pistacia vera*, also die echte Pistazie, von der hier hauptsächlich die Rede sein soll, ist vielmehr ein Mitglied der großen Steinfrucht-Familie; zu ihren Vettern und Cousinen zählen unter anderem Pfirsiche und Pflaumen. Wie jene wächst die Pistazienfrucht an belaubten Bäumen. Gut zehn, zwölf Meter hoch kann deren Geäst in den Himmel ragen. Meist bleibt es aber bei der Hälfte; vor allem in angelegten Kulturen. Tief ankern indes die Wurzeln: Bei etwa fünfzehn Metern liegt der Rekord. Und in Sachen Alter gilt das Sumachgewächs geradezu als Methusalem: Jahrhunderte kann seine Lebenszeit dauern.

Sexuell gesehen ist die Pistazie diözisch (zweihäusig): Es gibt weibliche und männliche Pflanzen. Zur Befruchtung werden daher mindestens zwei Gehölze benötigt. Da die Blüten beider Geschlechter jedoch blatt- und duftlos sind, sorgen nicht Bienen oder andere Insekten für die Befruchtung, sondern der Wind. Männliche Rispen tragen übrigens deutlich mehr Blüten als weibliche und der männliche Baum ist in der Regel auch größer. Bis zu einem Dutzend benachbarte weibliche Bäume kann er befruchten – andere Quellen sprechen von bis zu dreißig.

Bis ein Pistazienbaum erstmals Früchte trägt, dauert es in der Regel vier bis fünf Jahre. In diesem jungen Alter produziert er nur 2,5 bis 5 Kilogramm von ihnen. Nach weiteren drei bis fünf Jahren ist der Ertrag schon doppelt so hoch. Ihren höchsten Fruchtstand erreichen die Bäume als Teenager, mit zwölf bis vierzehn Jahren, dann kommen rund 40 Kilogramm frischer Früchte und etwa 15 Kilogramm ihrer »trockenen« Innereien zur Ernte. Allerdings gelten diese Zahlen nicht für jede Reifeperiode. Denn der Ernteertrag der Pistazien folgt, wie jener manch anderer Gewächse, einem bestimmten Zyklus: Sogenannte »Mastjahre« wechseln sich mit ertragsarmen ab.

Die ovalen, dank der schon lange angewandten Pfropftechnik inzwischen zwei bis drei Zentimeter großen und zahlreicher gewordenen Pistazienfrüchte stehen in Doppeltrauben eng beieinander. Sie reifen je nach Region zwischen August und Oktober/November. Ihre gelbgrüne Schalenhaut färbt sich dann rötlich. Der Samenkern hat nun seine finale Größe erreicht und bereits die ihn umgebende Steinschale seitlich aufgesprengt. Höchste Zeit also, mit der Ernte zu beginnen.

VOM BAUM ZUM KONSUMENTEN

Je nach Beschaffenheit, Größe und Region des Anbau-Areals erfolgt die Pistazienernte händisch oder mit mechanischen Rüttlern. Wichtig ist bei beiden Methoden, dass die Früchte auf keinen Fall mit dem Erdboden in Berührung kommen, da ansonsten eine Kontaminierung durch schädliche Mikroorganismen droht. Denn das größte Problem bei der Ernte der Steinfrüchte ist die Bildung von Aflatoxinen. Das sind giftige Stoffwechselprodukte zweier Schimmelpilz-Arten, die in Verbindung mit Schmutz und Feuchtigkeit innerhalb kürzester Zeit entstehen.

Bei der maschinellen Ernte umspannt ein Traktor den Baum mit einem großen Tuch und schüttelt den

Stamm. Die Früchte fallen in das Tuch und werden von dort sofort in den Auffangbehälter des Fahrzeugs gebracht. Bei der händischen Ernte werden die Früchte direkt in luftdurchlässige Steigen gelegt oder fallen nach Stockschlägen auf die Äste ebenfalls in Tücher oder engmaschige Netze. Der Vorteil der Ernte per Hand liegt darin, dass die einzelnen Früchte gleich begutachtet werden und man bereits geschädigte Pistazienfrüchte sofort erkennen und aussortieren kann. Der Vorteil bei der maschinellen Ernte liegt in der Schnelligkeit. Die Ernteperiode dauert in der Regel zwei bis drei Wochen, allerdings reifen die Pistazien eines Baumes nicht alle zur selben Zeit. Geerntet wird daher in mehreren Etappen – oft rund um die Uhr.

Unmittelbar nach ihrem Ausleseprozess müssen die Pistazien an einen kühlen Ort gebracht und von ihrer Fruchtfleischhülle befreit werden. Bei der maschinellen Verarbeitung geschieht dies durch zwei eng aneinanderliegende Gummirollen. Dank ihrer Kraft wird der noch von seiner Steinschale ummantelte Kern herausgequetscht. Anschließend kommt das Duo in ein Wasserbad. Hier werden die Pistazien nun in »Sinker« und »Floater« getrennt. Gut entwickelte Exemplare gehen im Wasser unter und zählen damit zur ersten Kategorie. Schlecht entwickelte schwimmen oben und gelten als zweitklassig. Im Iran wurde schon vor Jahren erkannt, dass mit der Separierung der »Floater« das Aflatoxin-Risiko erheblich reduziert werden kann. Im Idealfall kommen daher nur die »Sinker« zur Weiterverarbeitung.

Der nächste Schritt ist das Trocknen. Traditionell erfolgte es auf dem Erdboden mithilfe der Sonne – was die Pistazien zum einen dunkler werden ließ, zum anderen die Aflatoxin-Bildung förderte. Heute werden Heißluft und Silos benutzt. Danach werden die geschlossenen von den offenen Pistazien getrennt. Dafür laufen die »Sinker« durch eine Nadel-Röhre. Alle offenen werden aufgepiekst und durch die Drehung der Röhre nach oben gehoben, wo sie auf ein Tuch oder Fließband fallen. Alle geschlossenen Exemplare rutschen bis zum Ende der Röhre. Jede geschlossene Pistazie erhält nun (meist manuell) einen Schlag mit einem Hammer, wodurch ein feiner Riss in ihrer Steinschale entsteht. Die so bearbeiteten Exemplare werden erneut in ein Wasserbad geworfen. Sie quellen darin auf und die Schale öffnet sich. Mitunter werden die geschlossenen »Sinker« auch ganz von ihrer Steinschale befreit. Eine Mühle knackt diese auf und mittels eines Gebläses werden die verbliebenen Schalenteile von den Kernen getrennt.

Anbaugebiete & Sorten

Weltweit werden heute jährlich viele hunderttausend Tonnen Pistazien geerntet. Den Löwenanteil teilen sich in der Regel der Iran, die USA sowie die Türkei. Länder wie Syrien, China, Tunesien, Afghanistan und Indien sowie in Europa Italien (Sizilien vor allem), Spanien und Griechenland (wo es Anbauflächen auf den Inseln Ägina und Salamina, am Saronischen Golf sowie in Thessalien und in den Regionen Phthiotis und Böotien gibt) steuern nur geringe Anteile bei.

IRAN

Irans wichtigste Pistaziengärten liegen um die beiden Städte Kerman und Rafsandschan im Südosten des Landes. Die Geschichte des Anbaus der Steinfrucht in der dünn besiedelten Region reicht mindestens vier Jahrhunderte zurück, wie uralte Baumexemplare beweisen. Die Kultivierung im großen Stil begann allerdings erst vor rund hundert Jahren. Ein betagter Großproduzent erzählte, dass sein Großvater auf der Suche nach besonders widerstandsfähigen Pistazienpflanzen weite Reisen unternahm und den Familiengarten als Versuchslabor für Neukreuzungen nutzte. In den 1970er Jahren erfuhr die iranische Pistazienproduktion dann einen ersten deutlichen Aufschwung.

Inzwischen umfasst die Anbaufläche in der Provinz Kerman mehrere hundert Quadratkilometer – Tendenz steigend. Die Beschaffenheit der Gegend – ein trockenes Gebiet mit großen Temperaturunterschieden, von den Ausläufern der Lut-Wüste ansteigend bis zu 1.000 Metern Seehöhe – bietet gute Voraussetzungen für die Steinfrucht-Kulturen. Fehlende Niederschläge oder (wie 2021) extreme Tageshitze bis fast vierzig Grad kurz vor der Ernte sorgen jedoch mitunter für einen Produktionseinbruch um bis zu fünfzig Prozent.

Ein weiteres Problem ist das sich (vorwiegend durch Brunnenbohrungen) kontinuierlich verringernde Volumen des Grundwasserspeichers. Es stellt nicht nur für die Versorgung der Pistazienbäume, sondern auch für die Menschen in der Gegend eine große Herausforderung dar. Fast neunzig Prozent der landwirtschaftlichen Fläche in der Rafsandschan-Ebene sind ausschließlich der Steinfrucht gewidmet; ganze Dörfer leben hier vom Pistazienanbau. Zur Bewässerung der Plantagen wird bislang – wie auch in den anderen Anbau-Provinzen Yazd, Khorasan, Semnan, Ghom, Fars, Isfahan, Sistan und Belutschistan sowie Markazi – Grundwasser benutzt. Die Kulturen sind heutzutage immerhin meist an ein System von Mikrosprinklern angeschlossen. Früher wurden die Pistaziengärten alle paar Wochen geflutet.

Im Iran wachsen rund neunzig verschieden Pistaziensorten; ihre Gesamt-Anbaufläche umfasst derzeit rund 500.000 Hektar. Kultiviert werden aber vor allem die Nachfahren der ursprünglich im Land beheimateten »langen« Varianten. Die inzwischen bekanntesten unter ihnen sind Fadoghi-Ghafuri, Akbari und Ahmad-Aghaie. Wie die rundliche Kaleh-Ghouchi (auch Jumbo-Pistazie oder nach ihrem »Entdecker« Haj-Ali-Sharifi-Pistazie genannt) gehen vor allem diese in den internationalen Export. Andere runde Sorten sind unter anderem die Ohadi und Jandaghi; zu den länglichen zählen beispielsweise noch Harati, Ebrahimi, Ebrahimabadi, Hassanzadeh und Karimabad.

Iranische Pistazien haben, wie Experten sagen, ein besonders hohes Fleisch-Schalen-Verhältnis: Ihr essbarer Kern macht bis zu achtzig Prozent ihres Gesamtgewichts aus. Er enthält auch einen sehr hohen Anteil ungesättigter Fettsäuren. Das macht es möglich, die Steinfrüchte mit höheren Temperaturen als üblich zu rösten. Bei 160 bis 180 Grad, so sind die iranischen Produzenten überzeugt, entfaltet sich das Aroma der Pistazienkerne am besten. Zudem haben Bakterien dann keinerlei Chance.

USA

Bereits um 1880 hatten einige Läden in den Vereinigten Staaten Pistazien im Sortiment. Es handelte sich um Importware, vor allem geschätzt von den Einwanderern aus dem Nahen Osten. Doch schon kurz nach der Jahrhundertwende wurden die Steinfrüchte in den USA zunehmend populärer. Verkaufsautomaten standen in den unterirdischen Bahnstationen der großen Städte, in Bars, Restaurants und anderen stark frequentierten Orten. Man erhielt »a dozen for a nickel« von diesen neuen »Nüssen« – für die bereits 1854 erste Versuchspflanzungen in Kalifornien angelegt worden waren. 1875 wurden dann bei Sonoma weitere kleine Pistazienbäumchen in die Erde gesetzt – aus Frankreich stammten sie diesmal. Zur Jahrhundertwende schließlich nahm das US-Landwirtschaftsministerium in Chico seine erste große Versuchsstation in Betrieb.

Im Auftrag dieses Ministeriums begab sich William E. Whitehouse 1929 auf die Suche nach der perfekten Pistazie für das Central Valley. Seine Reise führte ihn in den Iran. Ein Jahr später kehrte der Botaniker von dort zurück mit rund 10 Kilogramm unterschiedlicher Pistaziensorten. Doch nur eine einzige Sorte erwies sich als geeignet für den Anbau in kalifornischer Erde. Ihren Namen kannte Whitehouse nicht, hatte auch den Baum, von dem sie stammte, nicht gesehen, sondern die Steinfrucht-Exemplare schlicht aus der zum Trocknen ausgelegten Ernte in den Gärten einer bekannten Produzenten-Familie aus Rafsandschan mitgenommen. Der Wissenschaftler taufte seinen famosen Fund daher nach dessen Herkunftsregion: Kerman.

Es sollte aber noch einige Zeit dauern, bis sich der iranische Neuzugang in den USA eingelebt hatte und sich – durch Pfropftechnik verändert und verstärkt – ordentlich vermehrte. Ab den 1960er Jahren war es endlich so weit: Es wurden Pistazienplantagen in ganz Kalifornien angelegt und bald auch in Arizona und New Mexico. Knapp 700 Tonnen betrug 1976 die erste gemeinsame Ernte; ein halbes Jahrhundert später notierten die USA einen Rekord-Ertrag von rund 400.000 Tonnen. Das Gros der heute knapp tausend Produzenten sitzt nach wie vor in Kalifornien, im San Joaquin Valley. Neben der weit verbreiteten, ertragreichen Sorte Kerman werden in den USA heute noch die großfruchtige runde Red Aleppo, die kleinkernige Sfax und die Trabonella kultiviert.

TÜRKEI

In mehr als fünfzig (der 81) türkischen Provinzen werden aktuell Pistazien angebaut – vorwiegend, so heißt es, für den eigenen Markt. Aber nur fünf dieser Gebiete gelten als Hauptproduzenten: Gaziantep (kurz auch Antep genannt), Şanlıurfa, Adıyaman, Kahramanmaraş (kurz Maraş) und Siirt. Am berühmtesten sind die Pistazien aus der anatolischen Provinz Gaziantep; sie werden oft mit den sizilianischen aus Bronte verglichen.

Für die Antep-Pistazie reisen Fans oft extra aus anderen Landesteilen in die Heimatregion der begehrten Frucht, etwa hundert Kilometer nördlich von Aleppo. Ende 2019 widmete Gaziantep seinem landwirtschaftlichen Star im Fıstık-Park sogar ein eigenes Museum – natürlich in Form einer Pistazie. Und 2021 schaffte es ein Pistazienbaum im Dorf Bağbaşı südöstlich der Provinzmetropole zumindest in die Zeitung: Umsorgt von den Bewohnern trägt das geschätzt sechshundert Jahre alte, rund 5 Meter breite und 7 Meter hohe Exemplar noch immer durchschnittlich rund 200 Kilogramm Früchte pro Jahr. Vielleicht finden auch sie sich im berühmten Antep-Baklava, dem die EU bereits im Dezember 2013 – als erstes türkisches Produkt – das Gütesiegel der Union (geographisch geschützte Herkunft) verlieh.

Gaziantep ist gemeinsam mit der Region Şanlıurfa verantwortlich für mehr als die Hälfte der gesamten türkischen Pistazien-Produktion. Schon 2018 zählte man allein in der Provinz Gaziantep mehr als 22 Millionen Pistazienbäume – das Gros davon bereits Früchte tragend.

Türkische Pistazien, oft einfach nur nach dem größten und berühmtesten Anbaugebiet »Antep-Nuss« genannt, sind generell etwas kleiner als die Sorten der anderen wichtigen Produktionsländer. Zudem ist ihre Schale feiner (aber trotzdem sehr hart), oft länglich und lässt sich etwas schwerer öffnen. In der im Osten der Türkei, unweit der irakischen Grenze liegenden kleinen Produktionsregion Siirt hingegen sind die Pistazien eher rundlich, mit dickeren Kernen – geschmacklich ähneln sie jenen aus dem Iran.

Vor allem aber unterscheiden sich türkische Pistazien durch ihre Farbe von ihren Schwestern in anderen Teilen der Welt. Kırmızı (Karmesin) heißt die am weitesten verbreitete, natürlich rötliche Sorte. Als zweitwichtigste lokale Sorte gilt die Uzun mit hellgrünem Kern. Selbst ausgewiesene Pistazienkenner bezaubert die fast weiße Abiad Miwahi (Miwhy). Einen hohen Bekanntheitsgrad haben zudem Achouri, El-Batoury, Aintaby und El-Jalale.

SIZILIEN

Italienische Pistazien kommen hauptsächlich aus Sizilien. Bereits im 9. Jahrhundert v. Chr. begannen die Phönizier, zu deren Stammland der heutige Libanon, Israel, aber auch Teile Syriens gehörten, Handelsniederlassungen an der Westküste der Insel zu errichten. Wenig später kamen die Griechen – vor allem um Ackerbau zu betreiben. Ob bereits diese Fremden die Pistazie im Gepäck hatten? Oder ob sie auf der Insel erst heimisch wurde, nachdem diese römische Provinz geworden war? Vielleicht geschah es sogar erst zu der Zeit, als die Araber von Tunesien aus in Marsā 'Alī, dem Hafen Alis (heute: Marsala) anlandeten, zunächst Palermo (anno 831) eroberten und die ganze Insel schließlich zum Emirat machten? Die Quellenlage ist nicht eindeutig. Zumindest ist jedoch erwiesen, dass sich die sizilianische Bezeichnung *fastuca* für die Pistazie vom arabischen *fustuq* herleitet.

Wie dem auch sei: In Europa ist Sizilien heute sicher das bekannteste Pistazien-Anbaugebiet. Es erstreckt sich weitgehend in der Provinz Catania. Vor allem das Städtchen Bronte am Saum des Ätna assoziieren Kenner mit der exquisiten Steinfrucht. Offenbar gedeiht sie in der vulkanischen Erde besonders gut. Seit Jahrhunderten jedenfalls stehen hier auf einem Gebiet zwischen 400 und 900 Meter über dem Meeresspiegel Pistazienbäume. Traditionell werden sie weder gedüngt noch künstlich bewässert. Ihre Fruchtkerne besitzen daher einen hohen Ölgehalt und somit ein besonders intensives Aroma. Überdies zeichnen sie sich durch ihr fast smaragdfarbenes Grün aus.

Rund tausend Kleinproduzenten erzeugen aktuell um Bronte und in den Nachbargemeinden Adrano und Biancavilla auf einer Gesamtfläche von rund 4.500 Hektar etwa neunzig Prozent des gesamten »Grünen Goldes«

der Insel. Neben diesem Hauptanbaugebiet, dessen frühblühenden, vorwiegend händisch geernteten Pistazien der Sorte Bianca (auch Neapolitana genannt) inzwischen das DOP-Siegel der EU und jenes der Slow Food Presidi verliehen wurde, gibt es noch einige Produzenten in der Provinz Caltanissetta. Zwei weitere Anbaugebiete liegen in der Nähe von Agrigent, um die Gemeinden des Platani-Tals sowie bei Raffadali. Die *Pistacchio di Raffadali* darf sich seit April 2021 ebenfalls mit dem DOP-Siegel der Europäischen Kommission schmücken. Vereinzelt findet man auf Sizilien auch noch Bäume mit Früchten alter Sorten wie Cerasola, Femminella, Agostaram Natalora, Insolia oder Silvana.

Große wirtschaftliche Bedeutung errang der Pistazienanbau auf der Insel erst Anfang des 20. Jahrhunderts. Zwar waren kleine Pistazienkulturen schon im 17. Jahrhundert bekannt (sogar in der Provinz Palermo), doch erst deutlich später begann man, größere Graslandflächen und verlassene Territorien in Pistazienplantagen umzuwandeln. Dabei entschied man sich, die Bäume meist auf einer niedrigeren Höhe zu halten, sodass die Zweige fast den Boden berühren. Der Löwenanteil der gesamten Produktion geht heute in den Export. Nur etwa ein Fünftel verbleibt auf der Insel – wo etwa zehn *Aziende* die Steinfrucht verarbeiten.

SPANIEN

Etwa zur selben Zeit wie nach Rom, also um 30 v. Chr., kam die Pistazie wohl auch nach Spanien. Heute verzehren die Spanier etwa 15.000 Tonnen jährlich. Angebaut im eigenen Land wird *el pistacho* derzeit auf einer Gesamtfläche von rund 46.000 Hektar (2014 war es nur etwa ein Zehntel davon). Mehr als achtzig Prozent der Areale entfallen dabei auf die Provinz Castilla-La Mancha. Allerdings zählt diese Statistik auch die knapp 8.000 erst 2020 gepflanzten Bäume mit, die noch keine Früchte tragen. Mit ihnen hofft man den bisherigen jährlichen Ernteertrag von 2.000 bis 3.000 Tonnen in sieben Jahren zu verzehnfachen.

Im besonderen Klima der zentralen Hochebene (geringe Luftfeuchtigkeit, oft windig und große Temperaturschwankungen zwischen Tag und Nacht) gedeiht vor allem die Sorte Colossal – eine, wie der Name bereits sagt, sehr große Variante. Sie wurde in den frühen 2000er Jahren eingeführt und benötigt nur wenig Wasser. In den kleineren Anbaugebieten wie Andalusien, Extremadura, Castilla y León und Murcia versucht man ebenfalls, die Bewässerung der Plantagen gering zu halten. Tatsächlich begnügt sich das Gros der spanischen *pistacheros* bislang mit Regen, um zu wachsen und die Früchte reifen zu lassen. Einen weiteren Fokus wollen die Produzenten künftig auf das Thema Bio-Anbau legen.

Insgesamt kultiviert Spanien derzeit fünf Pistaziensorten, darunter die Kerman, die ursprünglich in Tunesien angepflanzte Mateur, die Larnaka-Pistazie aus Zypern sowie die griechische Ägina, die bereits seit 1896 auf der Insel gleichen Namens existiert. Die kleinfruchtige, jedoch überdurchschnittlich nähr- und eiweißreiche Fistiki Aiginis (Ägina-Nuss) war sogar über lange Zeit in ganz Griechenland ein Synonym für Pistazie allgemein – und umgangssprachlich heißt die Steinfrucht dort noch heute so.

POWERVOLLE HELFERIN

Pistazien sind gesund, das ist seit Menschengedenken bekannt – ebenso wie ihr hoher Nährwert, denn die Kerne bestehen zu fünfzig Prozent aus Fett. Zusammen mit Mandeln waren Pistazien daher schon in den vergangenen Jahrhunderten beliebte Wegzehrung vor allem für Orient-Reisende. Bei den Fetten handelt es sich vorwiegend um »gute«, also mehrfach ungesättigte. Und die stehen ja im Ruf, den Cholesterinspiegel zu senken und Arteriosklerose vorzubeugen.

Aber die Pistazie hat noch mehr wertvolle Eigenschaften: Ihr für Energie und Sättigung verantwortlicher Eiweißgehalt ist hoch (fast zwanzig Prozent); Gleiches gilt für Kalium und Phosphor – zwei lebenswichtige Mineralstoffe, die zwar auch in echten Nüssen vorkommen, jedoch in deutlich niedrigerer Konzentration. Der Eisen- und Magnesiumgehalt von Pistazien kann sich ebenfalls sehen lassen; ähnlich wie die Gruppe seiner B-Vitamine. Rekordverdächtig ist zudem der Ballaststoffanteil der grünen Kerne. Bereits 30 Gramm enthalten fast zehn Prozent der empfohlenen Tageszufuhr. Da freuen sich Geschmacksknospen und Darmflora gleichermaßen.

Gefäße, Herz, Verdauung – die Reise durch Körper ist damit freilich noch lange nicht beendet. Da wären noch die Zellen. Polyphenol-Antioxidantien schützen sie in der Regel. Und wer hat bei diesem Schutz die meiste Power – noch vor der gleichen Menge Blaubeeren, Knoblauch, Brombeeren, Granatapfel oder einer Tasse grünen Tees? Sie ahnen es bereits!

Gewinnerin ist die Pistazie bzw. deren Kern zudem bei so manchem Vitamin-Wettbewerb (zumindest wenn die anderen Teilnehmer wieder aus der Nuss-Familie stammen). Tritt die *Pistacia vera* dort zum Beispiel an in der »Riege« E (zuständig unter anderem für die Libido), kann kaum einer mithalten in Sachen Antioxidans. Eine jüngere Studie aus den USA zeigte überdies, dass Pistazien förderlich sind für die Wahrnehmung, die kognitive Verarbeitung und die Informationsspeicherung.

In der Traditionellen Chinesischen Medizin und in der indischen Ayurveda-Therapie gelten Pistazien als mild wärmende und magenfreundliche Speise sowie als blutreinigend. Auch bei Zahnschmerzen und Leberzirrhose sollen sie Linderungen bringen. Nicht immer klar ist bei diesen Aussagen, ob es sich tatsächlich um die *Pistacia vera* handelt oder doch eher um die *Pistacia lentiscus* – vulgo: Mastixstrauch. Denn dessen Harz kauten beispielsweise die alten Römer zur Mundgesundheit. Iranische Freunde erzählten mir, dass sie als Kinder ebenfalls die »Tränen bestimmter kleiner Bäume« lutschten.

Auch viele persische Aufzeichnungen attestieren der »Pistazienpflanze« therapeutische Eigenschaften. Sie benennen neben den Fruchtkernen und der Schalenhaut der Früchte auch Blätter und Rinde als wichtige Helfer menschlichen Wohlbefindens. Die beiden Letztgenannten seien in abgekochter Form nützlich, etwa zur Behandlung von Juckreiz. Pistazien-Schalenhaut (als kalt und trocken angesehen in der Traditionellen Chinesischen Medizin) scheint indes ein Multitalent: Das Kauen frischer grüner Pistazienhaut, so heißt es in persischen

Notaten, beseitige schlechten Atem und heile Wunden im Mund. Um das Zahnfleisch zu stärken wird empfohlen, dieses direkt mit der Schalenhaut abzureiben. Außerdem beruhige sie (und sogar die aus ihr gekochte Marmelade) den Magen. Ein Aufguss aus Schalenhaut hilft angeblich (als Tee getrunken) bei Schluckauf, Übelkeit, Erbrechen und leichtem Durchfall; als Sitzbad soll der Sud Harnwegsinfektionen und Hämorrhoiden lindern. Traditionsbewusste Iraner mischen die Schalenhaut mit nur wenig heißem Wasser und kneten sie. Mit dem so gewonnenen »Öl« bekämpfen sie Rheuma und andere Schmerzen. Auch für die Haare soll es gut sein.

In der Kosmetik kommt Pistazien-Schalenhaut (sie duftet, wenn man an ihr kratzt) vor allem für Parfüms zum Einsatz. Pflegeprodukte basieren häufig auf dem geruchsneutralen Pistazienöl, gepresst aus frischen grünen Pistazienkernen. Es versorgt die Haut mit Feuchtigkeit und hilft ihr bei der Regeneration, weshalb es auch in vielen Nagelpflegeprodukten und Sonnenschutzmitteln verwendet wird. Basis dieses Öls, das im Mittelmeerraum bei Hautproblemen seit alters her als Medizin angewandt wird, sind vor allem Pistazien aus der Türkei, Syrien und dem Iran.

KNISTERND & INSPIRIEREND

Allerhand Erstaunliches und Kurioses gehört zur Geschichte und zum Wesen der Pistazie, ebenso wie ihr einzigartiger Geschmack. So gilt die »grüne Mandel« im Orient als »Liebesnuss«. Tatsächlich enthält der Kern der *Pistacia vera* nicht nur viel Vitamin C, sondern in recht hohem Maße auch das »Fruchtbarkeitsvitamin« E Alpha-Tocopherol. Aber der schöne Name »Liebesnuss« geht wohl weniger auf wissenschaftliche Erkenntnisse zurück denn auf eine romantische Legende: Im alten Persien, besagt sie, trafen sich Liebende unter Pistazienbäumen, um im Mondschein dem Knistern der »Nüsse« zuzuhören, wenn sich deren Schalen öffneten. Diese besondere nächtliche Musik galt den Entflammten als Zeichen für eine überaus glückliche gemeinsame Zukunft.

Ob Paare heutzutage glücklich(er) werden – oder zumindest nach langer Zweisamkeit entspannter bleiben –, wenn sie einen handlichen Quetschball in Gestalt einer »lächelnden« Pistazie besitzen? In New Mexico jedenfalls gehört das Antistress-Objekt zum Sortiment von Mc Ginn's Farmshop – als Miniatur-Replica der 9 Meter hohen Betonskulptur, die auf die Pistazien-Kultur des Familienbetriebs hinweist.

Wie dieser mit möglichen »Feinden« seiner Pistazienbäume umgeht, bleibt Mc Ginn'sches Geheimnis. Ein anderer US-amerikanischer Pistazien-Produzent indes zeigt sich weniger zugeknöpft: Er setze auf »natürliche Jäger«, erläutert er TV-Journalisten und zeigt stolz auf die weißen Nistkästen, die er auf hohen Stangen inmitten seiner Kulturen aufstellen ließ. Für Eulen! Die Nachtraubvögel schätzen Nagetiere als Nahrung und machen nun Mäusen und Eichhörnchen, die die Pistazienbäume anknabbern oder deren Früchte stehlen, den Garaus.

Von den USA richtet sich unser Blick in Sachen Pistazien nach Äthiopien – begleitet vom Lied einer deutschen Songpoetin. Sie paart sowohl im Titel wie im Refrain einer ihrer jüngsten Kompositionen den Namen der Steinfrucht mit jenem des Binnenstaates am Horn von Afrika. Wusste sie beim Texten, dass es tatsächlich eine *Pistacia aethiopica Kokwaro* gibt? Die ebenso im nahen Jemen sowie in Kenia, Somalia, Tansania, Eritrea, Uganda und Dschibuti verbreitete Art ist allerdings keine klassische Speisepflanze. Genutzt wird vor allem ihr Holz – als Baumaterial, zum Feuern, für Werkzeuggriffe, Löffel und Zahnstocher. Beliebt ist jedoch auch ihr Harz: Es gilt als sehr nahrhaft und wird von der lokalen Bevölkerung gern gekaut.

Eine weitere Pistazien-Art, die *Pistacia terebinthus L.*, ist ebenfalls eher ein Nutzgewächs denn eines, das den Gaumen entzückt. Das in Zypern, Griechenland und der Türkei vorkommende kleinwüchsige Gehölz wird ebenfalls um seiner »Tränen« willen geschätzt. Man nutzt diese wie jene von Nadelbäumen Terpentin genannten Perlen allerdings lediglich als Zusatz zu Salben und Pflastern, als Binde- und Verdünnungsmittel in der Ölmalerei sowie als Rohstoff zur Herstellung von Terpentinöl.

Doch auch die »Beeren« der Terpentin-Pistazie werden mancherorts verarbeitet. So erfreut sich in Teilen Südostanatoliens und in den kurdischen Siedlungsgebieten der *Menengiç kahvesi* bzw. *Qehweya Kezwanan* traditioneller Beliebtheit: Für diesen »Kaffee« werden die Früchte des Terpentin-Pistazienbaums getrocknet oder geröstet, anschließend vermahlen und dann mit Zucker in Milch aufgekocht. Seit mehr als hundert Jahren wird dieses spezielle Pistazienpulver sogar exportiert.

Ganz andere *Powder*-Varianten in Sachen Pistazie dachten sich findige Köpfe aus aller Welt im bayerischen

Allgäu aus: Dort recycled man die Schalen in Spanien kultivierter Pistazien zu Granulaten verschiedenster Körnung. Eingesetzt werden sie im industriellen Bereich – zum Reinigen und Polieren von diversen Oberflächenarten. Das Spektrum reicht dabei vom Säubern von Geschirr, Möbeln, Fliesen, Maschinen, Tanks und Flugzeugmotoren über das Entfernen von Lacken, Graffiti oder Gebäudeverschmutzungen bis hin zur Restaurierung von Bauwerken, Denkmälern oder Brücken. In der Türkei hingegen plant man, Pistazienschalen künftig zur Erzeugung von Heiz- oder Kühlenergie zu nutzen. Und unsereins legte die kleinen Dinger bislang einfach immer nur auf den Boden von Pflanzentöpfen …

Aber fantasiebegabte Menschen kennen ja selbst bei scheinbarem Abfall keine Grenzen. Oder wussten Sie, dass sich Blumen, Kränze oder Serviettenringe aus Pistazienschalen basteln lassen? Dass man sie quasi als Miniaturen einzeln kunstvoll bemalen oder sie zu Mosaikbildern arrangieren kann?

Auf etwas anderem Niveau ließ sich der französische Zeichner Saïd Sassine von der Pistazie inspirieren. Er bereicherte den Comic-Markt mit einer Geschichte, die den Titel »Bonbon Super« trägt. Drei Mädchen spielen die Hauptrolle. Und jene, die das anfängliche Heldinnen-Duo zum Trio macht, heißt? Erraten! *Pistache.*

Zum französischen Begriff für die Steinfrucht sei noch etwas erwähnt: Als *fausse pistache,* also falsche Pistazie, bezeichnet man im Französischen mitunter die Erdnuss, beim Patissier hingegen einen mit Zucker ummantelten Pinienkern. Ein *pistachier* ist eigentlich ein Genussmensch – in der Umgangssprache (des Südens) aber dezidiert ein Schürzenjäger. Und *se pistacher* bedeutet, sich zu betrinken. Als Resultat dieses Prozesses hat man dann statt eines Katers *une bonne pistache.*

PRAKTISCHES

Auch wenn es sich bei der Pistazie nicht um eine Nuss handelt, so hat sie doch in mancher Hinsicht einen ähnlichen Charakter wie diese. So ist sie etwa anfällig für Schimmelpilze, mag es nicht zu warm – und wird nach der Ernte zunehmend lichtempfindlich. Pistazien mit Schale sollten daher trocken und kühl gelagert werden, dann halten sie sich mehrere Monate. Bereits bei Zimmertemperatur können sie – aufgrund ihres hohen Ölgehalts – schnell verderben, also ranzig werden.

Ausgelöste Kerne sollten, da sie rasch fremde Aromen aufnehmen, getrennt von anderen Lebensmitteln oder, noch besser, luftdicht verschlossen im Kühlschrank aufbewahrt werden. Hier halten sie sich bis zu vier Wochen. Schale und Kern einer Pistazie machen übriges jeweils etwa die Hälfte ihres Gewichts aus; bei den hochwertigen Sorten liegt der essbare Anteil hingegen bei bis zu achtzig Prozent.

Apropos essbar: Nicht immer ist bei den im Handel erhältlichen Pistazien in der Schale selbige schon so geöffnet, dass man gut an den Kern herankommt. Mitunter hilft da eine hübsche altmodische Pistazienzange oder ihr modernes Pendant. Mancher Fan der Steinfrucht setzt für ihr endgültiges Aufknacken schlicht auch seinen Fingernagel ein. Es gibt aber noch einen anderen kleinen Trick: Man nehme die Schalenhälfte einer bereits geöffneten Pistazie, schiebe sie in den kleinen Spalt der widerspenstigen und drehe sie um 90 Grad. Schon »lächelt« auch das zuvor weitgehend verschlossene Exemplar. Die Fingernägel sind heil geblieben, Industrie-Werkzeuge überflüssig – also auch für den Genießer ein Grund zum Lächeln. Sagen zumindest die Iraner.

Noch aber ist der Kern dieser nun problemlos geöffneten Pistazien von seiner violett-braunen Haut ummantelt. Möchte man diese nicht mitessen – oder den Kern ohne sie weiterverarbeiten, was sich bei allen Süßspeisen empfiehlt, genügt es, die Fruchtsteine kurz mit heißem Wasser zu übergießen. Danach können die Häutchen einfach abgerubbelt werden. Im Handel sind aber auch bereits »doppelt geschälte« Kerne – das heißt, sie sind sowohl von ihrer feinen Samenhaut als auch von der harten Steinschale befreit.

PISTAZIEN-VOKABULAR

Im deutschsprachigen Raum gehen die Bezeichnungen für Pistazienprodukte manchmal etwas durcheinander. Im Italienischen ist man hier ein wenig präziser. Sind nur die Fruchtkerne gemeint, spricht man von *pistacchio sgusciato*, aus ihrer Schale gelösten Pistazien. *Pistacchio pelato*, also geschälte Pistazien, sind die auch von ihrer Samenhaut befreiten Kerne. Grob gehackte Pistazienkerne heißen auf Italienisch *granella di pistachio* oder *pistacchio tritato*. Lässt man den Mixer weiterlaufen, verwandeln sich diese »Körner« in die *farina di pistacchio,* das Pistazienmehl. Werden die Kerne noch weiter zerkleinert, tritt Öl aus und ergibt die *burro di pistacchio*, die cremige Pistazienbutter. Mitunter wird diese auch als *crema di pistacchio* bezeichnet. Tatsächlich ist eine *crema di pistacchio* aber bereits angereichert mit Milch, Sahne, Zucker, Butter oder Öl. Puristischer, also näher an der Pistazienbutter ist die *pasta di pistacchio* – Pistazienpaste. Hier wird der reinen Pistazienbutter lediglich ein wenig Pflanzenöl (und eventuell eine geringe Menge Puderzucker) zugefügt. Nicht zu verwechseln mit *Pasta al pistacchio* – bei ihr handelt es sich um Nudeln mit Pistazien(pesto).

In den Rezepten werden möglichst frische Pistazienkerne verwendet, mal mit, mal ohne Schalenhaut. In den meisten Fällen sind sie naturbelassen. Werden sie in anderer Form benötigt, so ist das in den Zutaten vermerkt.

Persische Pistaziensuppe

Für 4 Portionen
25 g Butter • 1 Zwiebel • 2 Knoblauchzehen • 1 Lauchstange • etwas Öl • ½ TL Kreuzkümmelsamen • 1 EL Speisestärke • 1 Liter Hühnerbrühe • Salz und Pfeffer • 200 g gehackte Pistazienkerne sowie 1 EL für die Dekoration • Saft von 1 Orange • 1 EL Limettensaft • 100 g Crème double • Sumach

Butter in einem Topf zerlassen. Zwiebel schälen und fein hacken, Knoblauch schälen und anpressen, Lauch putzen und in Ringe schneiden. Alles in etwas Öl ca. 10 Minuten anschwitzen, bis es weich ist. Kreuzkümmelsamen in einer kleinen Pfanne ohne Fett rösten, bis sie zu duften beginnen.

Speisestärke in 2 EL kaltem Wasser auflösen, mit der Brühe sowie Kreuzkümmel, Salz und Pfeffer zum Gemüse geben und alles 15 Minuten sanft köcheln. Pistazien zur Suppe geben und alles mit einem Stabmixer fein pürieren. Mit Orangen- und Limettensaft abschmecken. In Teller oder Schalen füllen, mit einem Klecks Crème double, gehackten Pistazien und Sumach garnieren.

Französische Hasenterrine

Für 8 Portionen

2 Bio-Orangen • 300 g Hasenfleisch ohne Knochen (etwa 4 Keulen und 4 Rückenfilets) • Salz und Pfeffer • 5 cl Cognac • 140 g Hasenleber • 300 g rohes Weißwurstbrät • 2 Eier • 70 g gesalzene gehäutete Pistazien • 150 g Speck in Scheiben • 1 Thymianzweig • 2 Lorbeerblätter

Orangen mit einem Zestenreißer schälen und die Früchte auspressen. Hasenkeulen entbeinen. Rückenfilets in einen tiefen Teller legen, salzen, pfeffern, mit Cognac übergießen und 20 Minuten bei Raumtemperatur marinieren lassen.

Backofen auf 180 °C vorheizen. Keulenfleisch, Hasenleber, Wurstbrät, Orangensaft und Eier mit Salz und Pfeffer zu einer Farce verarbeiten. Die Cognac-Marinade, die Pistazien (im Ganzen) und die Orangenzesten dazugeben. Alles gut vermischen. Den Boden der Terrinen-Form (oder einer Backform von 26 x 11 cm) mit einigen Speckscheiben auslegen (die restlichen Scheiben als »Deckel« aufheben). Auf den Speckboden etwa 2 cm hoch Farce aufstreichen, mit zwei Hasenrücken belegen, eine zweite Farce-Schicht sowie erneut zwei Rückenfilets auflegen und mit einer letzten Farce-Schicht bedecken. Etwas festklopfen, mit den restlichen Speckscheiben bedecken, Thymian und Lorbeerblätter auflegen und im vorgeheizten Ofen 2 Stunden im Wasserbad garen. Nach dem Abkühlen noch eine Nacht kalt stellen.

Pistazien-Falafel

Für 4 Portionen
40 g Pistazienkerne • 8 Stängel Minze • 10 Stängel Petersilie • 4 Schnittlauchfäden • 4 Stängel Liebstöckel • 800 g Kichererbsen (aus der Dose) • 4 EL Paniermehl • 2 Eier • jeweils 2 Prisen Salz, Pfeffer, Chilipulver • 1 TL gemahlene Koriandersaat • 150 ml Olivenöl

Pistazien grob hacken. Kräuter abbrausen, trocken schütteln und fein hacken. Kichererbsen in ein Sieb geben, abspülen und gut abtropfen lassen. Danach mit dem Paniermehl, Ei, Salz, Pfeffer, Chili und Koriander im Mixer grob pürieren. Die Kichererbsen-Mischung nun mit den gehackten Kräutern und Pistazien in einer Rührschüssel gründlich zu einer festen Masse verrühren. Aus der Masse mit feuchten Händen 8–10 Kugeln formen und etwas flach drücken. In einer Pfanne mit heißem Öl von jeder Seite für ca. 3–4 Minuten goldbraun anbraten. Herausnehmen und auf Küchenpapier abtropfen lassen. Dazu passt gut frischer Joghurt.

Zucchini-Carpaccio mit Pistazien

Für 4 Portionen
40 g Pistazienkerne • 600 g Zucchini • 100 g Parmaschinken in dünnen Scheiben • 40 g getrocknete Tomaten in Öl • 4 EL Olivenöl (von den Tomaten) • 2 TL Zitronensaft • Salz • frisch und grob gemahlener Pfeffer • 50 g Parmesan

Pistazien grob hacken. Zucchini putzen, abspülen und der Länge nach auf einem Gemüsehobel in dünne Scheiben schneiden. Schinkenscheiben halbieren. Schinken- und Zucchinischeiben im Wechsel auf zwei Tellern anrichten.

Die getrockneten Tomaten in Streifen schneiden und zusammen mit den Pistazien auf dem Carpaccio verteilen. Öl, Zitronensaft und Salz mit einem Schneebesen verrühren und über das Carpaccio träufeln. Carpaccio mit grobem Pfeffer würzen. Parmesan mit einem Sparschäler in dünnen Scheiben darüberhobeln und servieren.

Lauwarmer Bohnensalat mit Pistazien

Passt als Beilage zu Lamm, Fisch oder Rind, eignet sich aber auch solo als kleiner Lunch.

Für 6 Portionen

Pesto: ½ Bund Bohnenkraut sowie optional etwas für die Dekoration • 1 Bund glatte Petersilie • 30 g Pecorino • 50 g gesalzene Pistazienkerne • 7 EL Olivenöl • 7 EL Gemüsebrühe • Salz • frisch gemahlener Pfeffer • etwas Zitronensaft

Salat: 400 g Grüne Bohnen • Salz • 50 g getrocknete Tomaten • 1 Dose weiße Bohnenkerne (250 g Abtropfgewicht) • 2 EL Olivenöl • etwas Zitronensaft (optional)

Für das Pesto Kräuter abspülen, trocken schütteln und Blätter grob hacken. Käse fein reiben. Kräuter, Käse, Pistazien und Öl in einen hohen Mixbecher geben und pürieren. Brühe unterrühren und mit Salz, Pfeffer und etwas Zitronensaft abschmecken.

Für den Salat die Grünen Bohnen putzen, abspülen und je nach Länge eventuell halbieren. In kochendem Salzwasser etwa 5–8 Minuten knapp gar kochen. In einem Sieb kurz abtropfen lassen. Tomaten in 3–4 mm dicke Streifen schneiden. Weiße Bohnen in einem Sieb unter fließendem Wasser abspülen und abtropfen lassen. Öl in einer großen Pfanne erhitzen, weiße Bohnenkerne darin schwenken und erwärmen. Tomaten dazugeben und ebenfalls erwärmen. Abgetropfte grüne Bohnen, weiße Bohnenkerne und Tomaten sowie das Pistazien-Pesto und evtl. Zitronensaft mischen und mit ein paar Blättern Bohnenkraut bestreuen. Noch lauwarm servieren.

Gebratener Spargel mit Pistazien

Für 4 Portionen
1,5 kg weißer Spargel • Salz • 1 TL Zucker • 4 EL Butter • 80 g gesalzene Pistazien • 5 Stiele Dill • 1½ TL Bio-Zitronenschale

Backofen auf 220 °C Ober-/Unterhitze vorheizen. Spargel schälen und die Enden abschneiden. Spargelstangen auf einem mit Backpapier belegten Blech verteilen. Mit Salz und Zucker würzen und mit Butterflöckchen belegen. Auf der mittleren Schiene 20–25 Minuten braten. Inzwischen die Pistazien aus den Schalen lösen und hacken. Dill abzupfen und ebenfalls hacken. Spargel mit Dill, Zitronenschale und Pistazien bestreut servieren.

Wenn der Spargel noch nicht genug gebräunt ist, kurz (und vorsichtig) unter dem heißen Ofengrill übergrillen.

Gebratene Jakobsmuscheln mit Pistazien

Für 4 Portionen
100 g gehackte Pistazienkerne • 50 g Butter • 12 küchenfertige Jakobsmuscheln • 10 cl Crème fleurette (flüssige Sahne bzw. Crème fraîche mit 30 % Fett) • Salz • frisch gemahlener Pfeffer • 2 Prisen frisch gemörserte Safranfäden

Pistazien in einer heißen, beschichteten Pfanne ohne Fett etwa 1 Minute sanft rösten. Vom Herd nehmen und beiseitestellen. Butter in einer weiteren Pfanne schmelzen, die Jakobsmuscheln darin jeweils 2 Minuten auf jeder Seite goldbraun braten. Aus der Pfanne nehmen und ebenfalls beiseitestellen. Bratfond auf kleinster Flamme mit der flüssigen Sahne binden, salzen, pfeffern und den Safran beifügen. Sauce auf den Tellern verteilen und jeweils drei Jakobsmuscheln daraufsetzen. Mit den Pistazien garnieren und sofort servieren.

Kaisergranate im Pistazienmantel

Für 4 Portionen
600 g Kaisergranate (entspricht geschält etwa 250 g) •
2 EL natives Olivenöl extra vergine
Panade: 2 gehäufte EL Paniermehl • 2 EL geriebener Parmesankäse • 10 g fein gehackte Pistazienkerne •
1 fein gehackte Knoblauchzehe • 1 Prise Oregano •
Salz • frisch gemahlener Pfeffer

Backofen auf 200 °C vorheizen. Schalen der Kaisergranate komplett ablösen, die Köpfe ebenfalls entfernen. Garnelenkörper unter fließendem Wasser kurz waschen und mit Küchenpapier leicht trocken tupfen. Beiseitestellen. Eine Auflaufform mit dem Öl ausstreichen.

Paniermehl, Käse, Pistazien, Knoblauch und Würze in einer Schüssel sorgfältig vermischen. Kaisergranate einzeln in der Panade wälzen, sodass sie rundum gut damit bedeckt sind. Nebeneinander in die ebenfalls mit einer leichten Schicht Panade ausgestreute Form setzen, ohne dass sie einander berühren. In den heißen Ofen stellen und gleichzeitig den Grill einschalten. Nach ca. 5 Minuten – auf jeden Fall jedoch sobald die Panade Farbe angenommen hat – aus dem Ofen nehmen und heiß servieren.

Pistazienpesto nach Bronte-Art

Weder Basilikum noch Käse, Knoblauch oder gar Brot haben in dieser süditalienischen Basis-Variante des Pestos etwas zu suchen: Es besteht schlicht aus den Grundzutaten Pistazie und Öl. Man kann es pur zur Pasta essen, aufs Brot oder einen Pizzaboden streichen. Es kann die Füllung für Hack- oder Reisbällchen (Polpette, Arancini) und Focaccia bilden, kann Schwertfischröllchen oder eine Tagliata di Manzo (gebratenes Rindfleisch) begleiten – und es verträgt sich auch bestens mit Sahne oder Béchamel. Am besten schmeckt das Pistazienpesto frisch, es hält sich aber auch vier bis fünf Tage im Kühlschrank. Das Basisrezept wird auf Sizilien je nach Region oder Familie fantasievoll ergänzt und abgewandelt.

Für 1 Glas (150 ml)

100 g Pistazienkerne mit Samenhäutchen • 45 ml Olivenöl extra vergine • je 1 Prise Salz und frisch gemahlener Pfeffer

Alle Zutaten in einen Mixbehälter geben und so lange mixen, bis das Ganze eine körnige Konsistenz hat. Wer es sämiger mag, gibt noch den einen oder anderen zusätzlichen Tropfen Olivenöl dazu.

Pasta co' pistacchiu

Bei diesem sizilianischen Nudel-Rezept kommt eine der vielen lokalen Abwandlungen des Pesto-Grundrezepts zur Anwendung.

Für ca. 4 Portionen

25 g Pinienkerne • 200 g Pistazienkerne mit Samenhäutchen sowie optional einige zum Dekorieren • ca. 250 ml Olivenöl • 40 g Pecorino Siciliano (oder andere Pecorino-Sorten) • frisch gemahlener Pfeffer • ½ Bio-Zitrone • 400 g Pasta (z. B. Penne, Tagliatelle oder Sedani Rigati) • Salz

Zunächst die Pinienkerne, dann die Pistazien (am besten in einem Mörser) zerkleinern. Alternativ kann man bereits gemahlene Pistazien *(granella)* verwenden. Beides zusammen in eine Schüssel geben, mischen und das Olivenöl unterziehen. Pecorino fein reiben und ebenfalls unterrühren; bei den milderen Sorten mit Pfeffer würzen. Zum Abschluss noch ½ TL frisch gepressten Zitronensaft oder den Schalenabrieb einer halben Zitrone unterrühren. Die Pasta in Salzwasser al dente kochen und abseihen. Pesto zusammen mit der Pasta im Topf mischen, sodass es sich gut verteilen kann. Auf Tellern anrichten und eventuell noch mit frisch geriebenem Pecorino sowie einige gehackten Pistazien dekorieren.

HAUPTSPEISEN

Persischer Karottenreis mit Pistaziengarnitur

Eine der vielen Pilaw-Varianten des Landes, die nicht nur zu Huhn, Lamm oder Rind passen. Sie macht sich auch gut zu geröstetem Tofu oder Spiegeleiern.

Für 4 Portionen

400 g Basmatireis • ½ TL Safran • 1 Bio-Orange • 75 g Zucker • 75 ml Wasser • 4 mittelgroße Karotten (gerne verschiedenfarbig) • 4 EL Ghee (geklärte Butter; alternativ Butter bzw. Pflanzenöl) • Salz • 25 g gehackte Pistazienkerne

Reis für eine Stunde wässern, dann abspülen. Safran leicht mörsern und mit etwa 5 EL warmem Wasser übergießen. Orange schälen und so viel wie möglich von der weißen Haut entfernen. Schale in streichholzdünne Streifen schneiden, mit Zucker und Wasser in einen kleinen Topf geben, umrühren und leicht aufkochen. Bei geringer Hitze 10–15 Minuten offen sirupartig einkochen. Beiseitestellen. Karotten ebenfalls in Streichholzform schneiden; mit 2 EL Ghee in einer Pfanne etwa 5 Minuten sautieren. Kandierte Orangenschale mitsamt dem Zuckersirup beifügen, ebenso 3 EL Safranwasser und alles etwa 1 weitere Minute köcheln. Beiseitestellen.

In einem großen Topf mit schwerem Boden etwa 800 ml Wasser mit Salz zum Kochen bringen. Den gespülten Reis hinzufügen und bei starker Hitze ohne De-

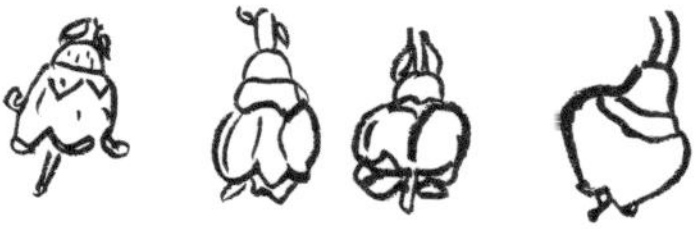

ckel etwa 6–8 Minuten lang kochen. In ein Sieb geben, mit warmem Wasser abspülen und beiseitestellen.

2 EL Ghee bei schwacher Hitze im Reis-Topf schmelzen. In einer kleinen Schüssel 1 Tasse des leicht gekochten Reises mit 2 EL Safranwasser vorsichtig mischen und für die Kruste *(tahdig)* gleichmäßig auf dem Topfboden verteilen. Dann etwa ein Drittel Reis und ein Drittel der Karottenmischung darüber schichten. Den Schicht-Vorgang zweimal wiederholen. Topfdeckel mit einem sauberen Tuch umwickeln und aufsetzen. Reis bei mittlerer Hitze 45–50 Minuten dämpfen.

Vom Herd nehmen und 5 Minuten ruhen lassen. Karotten-Pilaw auf eine Servierplatte stürzen, Kruste aufbrechen und das Gericht mit den Pistazien garnieren.

Kontomire Palava

Bei diesem Fischragout aus Ghana ergänzen einander die Schärfe und das besondere Aroma der Pistazien aufs Beste. Statt Spinat werden im Originalrezept Yamsblätter benutzt. Traditionell isst man das Gericht mit der Hand – mit Hilfe von Bällchen aus gestampftem Reis.

Für 4 Portionen

75 g gehäutete Pistazienkerne • 2 mittelgroße weiße Zwiebeln • 1 cm frischer Ingwer • 2 Tomaten • 1 Knoblauchzehe • 2 EL Pflanzenöl • 4 weiße Fischfilets (z.B. Kabeljau) • 2 Brühwürfel • 1 Chilischote (je nach Wunsch mild oder scharf) • 500 g Spinat (frisch oder auch tiefgekühlt)

Pistazien in einem kleinen Mixer (alternativ: elektrische Kaffeemühle) zu sehr feinem Pulver mahlen, bis sich Öl abzusondern beginnt. Beiseitestellen.

Eine der beiden Zwiebeln sowie das Ingwerstück schälen, mit einer Tomate und der geschälten Knoblauchzehe im Mixer zerkleinern, bis eine homogene rosa Mischung entsteht. Beiseitestellen. Die andere Zwiebel fein hacken und in Öl in einer Pfanne 3 Minuten anbraten, bis sie weich wird und zu bräunen beginnt. Fischfilets und die rosa Sauce dazugeben, 5 Minuten garen. Brühwürfel zu Pulver zerdrücken und ebenfalls in die Pfanne geben. Fischfilets wenden und weitere 5 Minuten garen. Vorsichtig herausnehmen und beseitelegen.

Die zweite Tomate und die Chilischote fein hacken. Beides unter häufigem Rühren zu der Sauce geben. Dann den vorbereiteten Spinat hinzufügen und bei mittlerer Hitze weitergaren. Nach etwa 3 Minuten das Pistazienpulver unterrühren. Nach weiteren 3–4 Minuten dickt die Sauce dadurch an. Fischfilets wieder vorsichtig in die heiße Sauce legen und noch ca. 10–15 Minuten bei mittlerer Hitze ziehen lassen.

Fustuqiyya

Bereits im 10. Jahrhundert notierte ein gewisser Warrâq ein Rezept für ein Pistazien-Ragout. Auch in Ibn Mubārak Shāhs Kochbuch aus dem 15. Jahrhundert kommt eine Variante vor – mit Rosenwasser, Mangold und Honig.

Für 4 Portionen

400 g Hühnerbrust • Salz • Butter • 50 g Pistazienmehl • 50 g Mandelmehl • 15 g Zucker • etwas Zimtpulver • 20 g Pistazienkerne

Hühnerbrüste für 15 Minuten in Salzwasser kochen und danach möglichst klein zerfasert in einem Topf in etwas Butter anbraten. Mit Wasser bedecken, Pistazien- und Mandelmehl sowie Zucker und Zimt hinzufügen. Bei schwacher Hitze ca. 30 Minuten kochen lassen. In einer Schüssel anrichten und mit den Pistazien dekorieren.

Dazu passt Reis oder Fladenbrot.

Lachs-Tajine mit Trockenfrüchten

Für 4–5 Portionen

1 Aubergine • Salz • 125 g getrocknete Aprikosen • 125 g getrocknete Feigen • 1 Zucchini • 1 weiße Zwiebel • 4 Knoblauchzehen • Butter • jeweils ½ TL Nelkenpulver, Cayennepfeffer, Kardamom, Zimt • 1 TL Ras el-Hanout, schwarzer Pfeffer, Ingwerpulver • ¼ TL geriebene Muskatnuss • 1½ TL gemahlener Kreuzkümmel • 1½ Gläser frisch gepresster Orangensaft (ca. 375 ml) • ½ Glas Wasser (ca. 125 ml) • 800 g Lachs ohne Haut • 1 Bio-Orange in Scheiben • 150–200 g Pistazienkerne (ein Teil gehäutet)

Aubergine in Würfel schneiden, mit Salz bestreuen, beschweren und mindestens 2 Stunden ziehen lassen. Danach gut waschen und trocken tupfen. Aprikosen und Feigen halbieren oder vierteln. Zucchini in Stäbchen schneiden. Zwiebel und Knoblauchzehen schälen und klein schneiden. Eine nussgroße Menge Butter auf den Tajine-Boden geben und Zwiebel sowie Knoblauch darin sautieren. Auberginen und Gewürze beifügen, ½ Glas Orangensaft und ½ Glas Wasser angießen, Feigen und Aprikosen unterheben. Zucchini-Sticks wie die Speichen eines Rades auflegen und den Tajine-Deckel aufsetzen. Bei mittlerer Hitze etwa 20 Minuten garen lassen.

Zwischenzeitlich den Lachs in gleich große schmale Stücke schneiden, mit dem verbliebenen Orangensaft begießen, salzen und pfeffern. Auf dem Gemüse arrangieren, evtl. noch Butterflöckchen daraufsetzen. Die Orangenscheiben über den Lachs legen. Nochmals den Tajine-Deckel aufsetzen und für etwa 10 Minuten garen (der Lachs sollte noch etwas Biss haben). Mit den Pistazien bestreuen. Dazu passt Couscous.

Fleischbällchen mit Pistazien und Granatapfel

Für 4 Portionen
400 g Hackfleisch vom Rind oder Kalb • 50 g gehackte Pistazien • 1 Lauchzwiebel • ½ TL Kurkuma • 5 gehackte frische Minzblätter (alternativ: ½ TL getrocknete Minze) • 3 EL Reis- oder Maismehl • 5 EL Granatapfelmelasse • Salz • Pfeffer • Olivenöl extra vergine • gehackte Pistazien • Granatapfelkerne

Hackfleisch, Pistazien, klein geschnittene Lauchzwiebel, Kurkuma, Minze, Mehl, 1 EL Granatapfelmelasse, Salz und Pfeffer in eine Schüssel geben und verkneten. Aus der Masse walnussgroße Bällchen formen, leicht flach drücken und in Olivenöl in einem Topf oder einer hochwandigen Pfanne rundum kräftig anbraten (ca. 3 Minuten). In der Zwischenzeit 4 EL Granatapfelmelasse mit ca. 125 ml kochendem Wasser vermischen. Über die Hackbällchen gießen. Deckel auf den Topf/die Pfanne setzen und die Bällchen bei schwacher Hitze ca. 15 Minuten köcheln. Ab und an umrühren und auf die Konsistenz der Sauce achten (die Hackbällchen sollen nicht kleben). Zum Servieren mit dem Granatapfel-Sud übergießen und mit Pistazien und Granatapfelkernen garnieren.

Dazu passt Reis oder Fladenbrot.

Lammkarree in Pistazienkruste

Für 4 Portionen
4 EL Olivenöl • 2 Lammkarrees mit je 4 Rippen • Salz • 1 halbierte Salz-Zitrone (alternativ: Schalenabrieb einer Bio-Zitrone) • 300 g frische geschälte Erbsen • 300 g frische geschälte Saubohnen (Fava-Bohnen) • Butter • ein paar gehackte Minzblätter • frisch gemahlener Pfeffer • 100 g gehäutete (sizilianische) Pistazienkerne • einige Zweige glatte Petersilie • 60 g Paniermehl • etwas Balsamico-Essig • einige Minzspitzen-Zweiglein

Olivenöl in einer Pfanne erhitzen und die Lammkarrees von allen Seiten rasch anbraten. Abkühlen lassen. Einen großen Topf mit Salzwasser und zwei Zitronenvierteln zum Kochen bringen. Saubohnen zugeben und 2 Minuten kochen, dann die ausgelösten Erbsen. Weitere 3 Minuten kochen. Hülsenfrüchte abtropfen lassen und in Eiswasser tauchen, damit sie ihre Farbe behalten. Erneut abtropfen lassen. Etwas Butter schmelzen, Minze und ein wenig klein geschnittene Salzzitrone zugeben, die Hülsenfrüchte einlegen und mit Salz und Pfeffer würzen.

Backofen auf 200 °C vorheizen. Pistazien, Petersilie, Paniermehl und etwas Butter im Mixer zu einer körnigen Paste zerkleinern. Karrees gleichmäßig mit der Pistazienpaste bedecken, in eine Auflaufform legen und für ca. 12 Minuten auf der mittleren Schiene im Ofen backen. Vor dem Aufschneiden 5 Minuten ruhen lassen.

Bohnen-Erbsen-Mischung in Schälchen geben, mit Minzspitzen dekorieren. Schälchen auf die Teller stellen und je ½ Lammkarree daneben arrangieren. Teller mit ein paar Tropfen Balsamico-Essig und je 1 Minzspitzen-Zweiglein dekorieren und sofort servieren.

Ziegenragout mit Pistazien

Für 4 Portionen
400 g möglichst gehäutete Pistazienkerne • 3 Zwiebeln • 3 EL Olivenöl • 700 g Ziegenfleisch in Stücken (mit Knochen) • 2 TL Salz • ½ TL frisch gemahlener Pfeffer • ½ TL Kurkumapulver • 120 ml Verjus (alternativ: Saft einer Limette) • 1 Prise Safran (mit Zucker gemörsert und mit 4 EL Rosenwasser verdünnt) • 1 Bund Dill

Falls die Pistazien noch nicht gehäutet gekauft wurden, am Vortag in einer großen Schüssel 24 Stunden einweichen. Dabei zweimal das Wasser wechseln. Anschließend die Kerne zwischen den Händen reiben. Gehäutete Kerne in frischem Wasser beiseitestellen.

Zwiebeln schälen und grob zerteilen und in einer großen Auflaufform im Öl anbraten. Ziegenstücke dazugeben und bräunen lassen. Mit Salz, Pfeffer und Kurkuma bestreuen. Anschließend ca. 1 Liter Wasser zugeben und je nach Fleischbeschaffenheit alles ca. 1–2 Stunden bei schwacher Hitze köcheln lassen.

Backofen auf 180 °C Grad vorheizen. Verjus (oder Limettensaft), Safran-Rosenwasser und die abgetropften Pistazien zum Fleisch geben. Auflaufform in den vorgeheizten Backofen schieben (mittlere Schiene), das Ragout garen, bis das Fleisch weich ist (40–60 Minuten, Gabelprobe machen).

Zum Servieren mit gehacktem Dill bestreuen. Dazu passt persischer Reis (der schlichtere Kateh oder Chelo mit Kruste) ebenso wie traditionelles Lavash-Fladenbrot.

Pasta di pistacchio

Diese schlichte Pistazienpaste dient als Basis für viele Süßspeisen und Eis.

Für 1 kleines Glas

100 g gehäutete Pistazienkerne • 50 g Puderzucker • 10 ml Maiskeimöl

Pistazien, Zucker und zum Schluss das Öl in einen Mixbecher geben und langsam pürieren. Dabei den Mixer immer wieder für einige Minuten anhalten, damit sich das Öl nicht separiert, sondern alles zu einer homogenen Masse wird.

Pistaziencreme

Im Gegensatz zur *Pasta di pistacchio* lässt sich die *Crema* auch solo, z.B. als Brotaufstrich, genießen. Außerdem lassen sich Kuchen, Torten und Kekse mit ihr füllen. Auf Sizilien kennt man auch Rezept-Varianten ohne Schokolade und Butter, dafür mit Olivenöl sowie leicht gerösteten Pistazienkernen.

Für 4 Portionen

150 g gehäutete Pistazienkerne • 130 g Puderzucker • 60 ml Milch • 30 g Butter • 80 g weiße Schokolade

In einer Küchenmaschine oder mit dem Mixer die Pistazien vorsichtig zerkleinern. Portionsweise Zucker und Milch hinzufügen, bis eine homogene Masse entstanden ist. Butter in einem Topf schmelzen, vom Herd nehmen, die in Stücke gebrochene Schokolade hinzugeben und diese unter Rühren ebenfalls zum Schmelzen bringen. Pistazienmasse hinzufügen und gut verrühren, bis eine homogene Creme entsteht. Sie sollte auch nach dem Abkühlen noch gut streichbar sein. Im Kühlschrank hält sie sich bis zu einer Woche.

Vanille-Pistazien-Sauce

Passt bestens zu Apfeltarte oder anderem Gebäck, verleiht aber auch Süßspeisen wie Orangenparfait oder Mousse au Chocolat eine besondere Note. Man kann die Sauce sowohl warm als auch kalt servieren.

Für 500 ml
50 g gehäutete Pistazienkerne • ½ Vanilleschote • 300 ml Schlagsahne • 150 ml Milch • 1 Bio-Orange • 1–2 EL Honig oder Agavendicksaft • 3 Eigelb (Größe M)

Gut die Hälfte der Pistazien (30 g) sehr fein hacken. Vanilleschote der Länge nach aufschneiden und das Mark herauskratzen. Schote klein schneiden, Sahne, Milch, Vanilleschote und -mark sowie die gehackten Pistazien in einen Topf geben und aufkochen. Anschließend etwa 20 Minuten zugedeckt ziehen lassen. In der Zwischenzeit ca. ein Viertel der Orange mit einem Sparschäler abschälen und die Schale in feine Streifen schneiden (wer für die Dekoration mehr Orangenschale haben möchte, schält mehr). Frucht halbieren und auspressen. Milch-Sahne-Pistazien-Gemisch mit einem Stabmixer fein pürieren, evtl. anschließend noch durch ein Sieb passieren und erneut aufkochen. Eigelbe verquirlen und etwas von der Sahne-Sauce dazugeben, dann alles mit der übrigen Sauce verrühren und diese erhitzen, bis sie bindet (nicht mehr kochen lassen!). Noch warm mit Honig/Agavendicksaft und etwas Orangensaft abschmecken. Restliche Pistazien grob hacken und über die Sauce streuen. Optional mit zusätzlichen Orangenschalen-Streifen dekorieren.

Sbriciolata al pistacchio

Dieser süditalienische Pistazien-Streuselkuchen ist nicht nur ein wunderbares Dessert, sondern passt auch bestens zum Frühstücks-Cappuccino oder zur Merenda am Nachmittag.

Für 8–10 Stück

200 g Weizenmehl • 110 g Butter • 100 g gehackte Pistazienkerne sowie einige mehr zum Dekorieren • 100 g Zucker • 1 Prise Salz • 2 TL Backpulver • 1 großes Ei • 400 g Pistaziencreme (Rezept S. 50)

Mehl in die Schüssel der Küchenmaschine sieben, die kalte Butter in kleinen Stücken zugeben. Es sollte eine feinkörnige Masse entstehen. Gehackte Pistazien, Zucker, Salz und Backpulver zugeben. Zum Schluss das Ei hinzufügen und weiterarbeiten, bis ein grobkrümeliger Streusel-Teig entsteht. Schüssel abdecken und für 30 Minuten in den Kühlschrank stellen.

Backofen auf 180 °C Umluft vorheizen. Eine Springform (26 cm Durchmesser) mit einem großzügigen Quadrat Pergamentpapier auslegen (die Ecken überstehen lassen) und gut die Hälfte der Teig-Streusel darauf verteilen. Pistaziencreme in die Mitte geben und glatt streichen. Dabei einen Streusel-Rand von ca. 1 cm frei lassen. Nun die gesamte Oberfläche mit den restlichen Streuseln bedecken und mit einigen gehackten Pistazien dekorieren. Im vorgeheizten Ofen auf der mittleren Schiene ca. 40 Minuten backen. Vollständig abkühlen lassen und erst dann aus der Form heben.

Pasticcini morbidi al pistacchio

Für ca. 30 Stück

300 g Pistazienkerne • 250 g Kristallzucker • 20 g flüssiger Honig • Abrieb einer Bio-Zitrone • 2 Eiweiß • 75 g Puderzucker • ganze Pistazien zum Dekorieren

Für diese weichen italienischen Plätzchen die Pistazien mit einer Küchenmaschine sehr fein mahlen (am besten portionsweise und mit Zugabe von etwas Zucker). Alternative: fein gemahlene Pistazien *(farina di pistacchio)* aus dem Handel. Pistazienmehl und 240 g vom Kristallzucker in einer Schüssel vermengen. Portionsweise den Honig und die abgeriebene Zitronenschale einarbeiten. Eiweiß steif schlagen und vorsichtig mit einem Holzlöffel unterheben. Man erhält ein leicht bröseliges Gemisch. Nun 60 g Puderzucker auf die Arbeitsplatte sieben. Mit einem Teelöffel je ca. 20 g der Masse entnehmen und mit angefeuchteten Händen vorsichtig zu einer Kugel formen. Dabei den Teig leicht drücken. Die Kugeln in Puderzucker wälzen.

Ein Backblech mit Backpapier auslegen, darauf die restlichen 10 g Kristallzucker gleichmäßig verteilen und die *pasticcini* daraufsetzen, eventuell jede Kugel in der Mitte mit einer Pistazie dekorieren. Blech mit einem weiteren Bogen Backpapier bedecken und 12 Stunden (über Nacht) ruhen lassen.

Backofen auf 160 °C vorheizen. Die Plätzchen auf mittlerer Schiene 10–12 Minuten backen. Sie dürfen nicht bräunen, sollten recht weich bleiben und innen noch feucht sein. Nach dem Erkalten mit den verbliebenen 15 g Puderzucker bestreuen und vorsichtig vom Blech nehmen.

Baklava

Ein türkisches Rezept im Stil der Region Gaziantep.

Für 42 Stück

500 g Zucker • Saft eines Zitronenviertels • 375 g Filoteig • 500 g Ghee (geklärte Butter) • 350 g sehr fein gehackte gehäutete Pistazienkerne

Für den Zuckersirup 600 ml Wasser und den Zucker in einen Topf geben und bei mittlerer Hitze köcheln. Zitronensaft hinzufügen. Sobald das Gemisch sirupartig eingedickt ist, vom Herd nehmen. Es sollte nicht karamellisieren. Auf Zimmertemperatur abkühlen lassen und in eine Kanne gießen.

Backofen auf 180 °C vorheizen. Filoteig auf die Größe einer rechteckigen Backform (30 x 20 x 4 cm) zuschneiden und in zwei Stapel teilen. Den zweiten Stapel bis zur Verarbeitung mit einem feuchten Tuch abdecken. Ghee schmelzen, Backform damit fetten. Nun jeweils drei Filoteig-Blätter einzeln ebenfalls mit Ghee bestreichen, in die Form legen. Dann eine dünne Schicht der gehackten Pistazien daraufstreuen. So weiter verfahren, bis die Hälfte der Filoteig-Blätter verbraucht ist. Nun eine dicke Schicht gehackter Pistazien aufstreuen. Die einzeln gefetteten Teigblätter weiter nach dem Dreierprinzip schichten, bis nur noch zehn Blätter übrig sind. Diese ohne Pistazien, aber ebenfalls gefettet als Abschluss auflegen. Teigblock nun mit einem scharfen Messer längs und quer einschneiden, sodass kleine Rechtecke (oder Rauten) entstehen. Ghee bzw. geklärte Butter darübergießen und Baklava für ca. 35 Minuten in den Ofen geben (bis die oberste Schicht goldbraun ist). Herausnehmen und noch heiß mit dem zimmerwarmen Zuckersirup begießen. Mit einer dünnen Schicht gehackter Pistazien bestreuen.

Pistazien-Financiers

Für etwa 10 Stück
75 g Butter • 85 g Puderzucker • 35 g gemahlene gehäutete Pistazienkerne • 35 g Weizenmehl • 1 g Backpulver • 25 g gehackte gehäutete Pistazienkerne • 1 Prise Salz • 25 g Pistazienpaste (Rezept S. 50) • 85 g Eiweiß (ca. von 3 Eiern der Größe M) • 10 g Honig oder Invertzucker

Butter in einem kleinen Topf zu Nussbutter schmelzen (hell bräunen). Danach den Topfboden kurz in kaltes Wasser stellen oder auf ein feuchtes Küchentuch, damit die Butter nicht weiter bräunt.

Puderzucker und gemahlene Pistazien in eine Rührschüssel sieben und vermischen. Durchgesiebtes Mehl und Backpulver ebenfalls in die Schüssel geben und gut vermengen. 15 g der gehackten Pistazien, Salz und Pistazienpaste zu den trockenen Zutaten geben. Eiweiß ebenfalls beifügen und alles zu einer homogenen Masse verrühren. Die noch warme Nussbutter durch ein Sieb zur Masse geben und mit dem Honig bzw. Invertzucker verrühren, bis sich alles gleichmäßig verbunden hat. Teig mit Frischhaltefolie abdecken und für mindestens 2 Stunden, besser über Nacht, in den Kühlschrank stellen.

Backofen auf 190 °C vorheizen. Financiers-Formen leicht ausbuttern und mehlieren (bei Silikonformen nur buttern), Pistazien-Financiers-Masse einfüllen, mit den restlichen gehackten Pistazien bestreuen und für 10–12 Minuten in den vorgeheizten Backofen geben. Etwas auskühlen lassen, aus den Formen nehmen und möglichst frisch genießen.

Persische Pistazienmarmelade

Eine bittersüße Köstlichkeit, die in vielen iranischen Familien während der Pistazienernte aus der dicken Schalenhaut der frischen Früchte hergestellt wird. Sie erinnert ein wenig an Mastix.

Für 2 Gläser

400 g frische Pistazienfrüchte • 275 g Zucker • 200 ml Wasser • 1 EL Zitronensaft • 2 EL Rosenwasser • optional 50 g frische Pistazienkerne in feinen Scheiben oder grob gehackt

Pistazienfrüchte aufschneiden und den Kern mit seiner Schale entfernen. Die verbliebene dicke, rötliche Fruchthaut (insgesamt 180–200 g) von eventuellen Einschlüssen befreien, waschen und etwa 2 Stunden in kaltem Wasser (mit Eiswürfeln) einweichen. Abgießen und abtropfen lassen. Frisches Wasser erhitzen und auf dem Siedepunkt die Schalen für ca. 5 Minuten kochen. Abgießen und den Kochvorgang mindestens drei Mal wiederholen (falls die Fruchthäute noch immer bitter sind, ruhig öfter).

Zucker und Wasser zu einem Sirup aufkochen, Zitronensaft, Rosenwasser und die Fruchtschalen beifügen. Im offenen Topf 30 Minuten köcheln. Danach eventuell die Pistazien unterrühren und weitere 5 Minuten köcheln. In sterile Gläser füllen.

RITA HENSS

Die gebürtige Frankfurterin erlag dem Zauber ferner Welten schon als Kind – damals freilich noch ausschließlich auf Buchstaben-Rücken reisend. Als Journalistin und Autorin erlebt sie nun seit vielen Jahren ihre Traumziele hautnah. Architektur, Kunst, Musik, aber auch und gerade das Kulinarische begeistern sie dabei immer wieder aufs Neue. Aus den Eindrücken, Erlebnissen, Erfahrungen der oft wochenlangen Recherchen zwischen Okzident und Orient entstanden und entstehen vielfältige Publikationen – vom klassischen Reiseführer über Porträts, Glossen, Features und Kritiken bis hin zu Magazin-Reportagen, Essay-Sammlungen und natürlich Büchern, in denen Genuss und Gastfreundschaft sowie die Menschen, die für beides sorgen, im Mittelpunkt stehen.

Im Mandelbaum Verlag sind von Rita Henss bereits mehrere Bände der *kleinen gourmandisen* erschienen, darunter Granatapfel, Zimt und Safran.

DANK

Ein besonders herzliches Dankeschön geht diesmal an jene Menschen, die ich im Iran kennenlernen durfte. Deren wunderbare Gastfreundschaft und Kochkunst ich dort erleben durfte. Die mich mitnahmen in ihren Alltag, zu ihren Wurzeln und zu den für sie wichtigen Orten des Landes. Danke an Mehdi und seine Familie, an Soheila und die ihre, an Nima, der via Frankreich den Kontakt hergestellt hatte. Danke auch an die vielen anderen Ideengeber, denen ich im Laufe meiner beruflichen und privaten Reisen begegnet bin. Ihr Wissen, das sie mit mir teilten, ihr Enthusiasmus für ein Thema, ihre Freude an fremdem Interesse sind die Essenz, aus der sich auch dieses Buch speist.

QUELLEN

The Sultan's Feast: A Fifteenth-Century Cookbook, Saqi Books, 2020
Scents and Flavors: A Syrian Cookbook, New York University Press, 2020
La Nuit de la Pistache: Alep, souvenirs et gourmandises, NOIRBLANC, 2018
Papaveri e pistacchi (Maria Beltrame), D'Agostini, 2013
Lüdders/Debor: Bibliographie des internationalen Pistazien-Schrifttums, TU Berlin, 1977

https://ebtor.com/interactive-chart
https://origiran.com
https://ratinkhosh.com/turkish-pistachio-production
https://americanpistachios.de
https://authentisch-italienisch-kochen.de
https://thecaspianchef.com
https://labsalliebe.com
www.minapalumbo.org
www.nuturally.com
www.fruchtportal.de
www.minapalumbo.org
www.siciliafan.it
www.sicilyaddict.it
www.ilcuoreinpentola.it
www.lesfoodies.com
www.750g.com
www.lapaticesse.com
www.brigitte.de
www.essen-und-trinken.de
www.gutekueche.at

REZEPTVERZEICHNIS